ORGANIZAÇÃO
LÚCIA FIDALGO

Nas entrelinhas da leitura

Atividades criativas em torno do livro

EDITORA
ZEUS

Rio de Janeiro

A Editora

A **Editora Zeus** iniciou suas atividades em 2000, atendendo ao desejo dos seus editores de incentivar a leitura no público infantil e juvenil, com jovens e experientes escritores, alguns com prêmios no Brasil e no exterior.

A proposta da editora é apresentar livros de Literatura Infantil e Juvenil que permitam ao professor a escolha de títulos com diferentes temas transversais, para possibilitar aos seus alunos a ampliação do conhecimento do mundo e a compreensão dos princípios básicos de cidadania e de convivência social.

Copyright © 2007 *by* Lúcia Fidalgo (org.)

Todos os direitos reservados e protegidos.
Proibida a duplicação e reprodução total ou parcial desta obra ou parte da mesma, sob quaisquer meios, sem autorização expressa dos editores.

CIP-Brasil - Catalogação-na-fonte
Sindicato Nacional dos Editores de Livros, RJ

N19

Nas entrelinhas da leitura : atividades criativas em torno do livro / Lúcia Fidalgo, organizadora. – Rio de Janeiro : Zeus, 2007.
64p. : 21cm

ISBN 978-85-88038-35-6

1. Livros e leitura – Guias. 2. Brincadeiras. 3. Criatividade.
I. Fidalgo, Lúcia, 1965 -

07-0757

CDD 028
CDU 028

Projeto Gráfico, diagramação e Arte-final: Rossana Henriques

Editora Zeus® é marca registrada
Editora YH Lucerna Ltda.
R. Colina, 60 sls. 209/210 – Jd. Guanabara – CEP 21931-380 – Rio de Janeiro – RJ
Telefax: (21) 3393-3334 / 2462-3976
Internet: www.lucerna.com.br – E-mail: info@lucerna.com.br

Impresso no Brasil
Sermograf

Sumário

Apresentação 4
O que é Nas Entrelinhas da Leitura 5
Os livros e as atividades sugeridas
- A Casa.. 6
- É hora! É hora! 8
- Hoje é amanhã?.................................... 10
- Peca perereca..................................... 12
- Um doce de menino 14
- O rolo do rocambole............................... 16
- Os Amigos da Lis 18
- Simplesmente Lis.................................. 20
- Eu sou o Zil...................................... 22
- Doce Mel 24
- Era uma vez o Sal 26
- Macaco Tozé 28
- A onça Leonora 30
- Azul por natureza................................. 32
- Vovó e vento, quanto movimento! 34
- Álvaro, o urubu................................... 36
- Bucha de balão ou bruxa de vassoura na mão? 38
- O baú do seu Machado.............................. 40
- Onde está a Margarida?............................ 42
- Água, Gaia, fogo e ar 44
- O segredo do vento................................ 46
- Paisagens da infância 48
- Muitos caminhos uma decisão 50
- Guerreiras de Gaia................................ 52
- Ulisses e Penélope: a nostalgia do retorno 54
- Os amores de Perseu: Dânae e Andrômeda 56
- Muito além dos arrozais 58
- Vôo Cego 60

Sites Sugeridos 62
Próximos Lançamentos 64

Apresentação

Um livro por si só já é o bastante. Basta abri-lo para se sentir afetado por ele. O livro causa estranhamento no outro. E diante disso vemos muito professor, aluno, pai, leitor se perguntar:
— Mas o que eu faço com ele?
E respondemos:
— LEIA... Leia muito... várias vezes...
Literatura é arte, é puro prazer!
Por isso esta obra foi pensada para ajudar o professor, bibliotecário, agente de leitura, pais e outros amigos da leitura a desenvolver atividades a partir da leitura dos livros do catálogo da Editora Zeus.
Na verdade, ela foi elaborada para servir de estímulo para um início de trabalho.
Nossa intenção é despertar no leitor desta obra o desejo de criar outras leituras a partir das sugeridas.
Por isso, ao final das atividades, deixamos nossos contatos para vocês nos enviarem outras sugestões, caso queiram contribuir com novas atividades, ou com o que quiserem nos dizer.
Assim, com sua participação, estaremos multiplicando nossas ações em torno do livro e da leitura, e poderemos, também, disponibilizá-la a todos.
Participe, Invente, Crie....
E como dissemos antes, Literatura é Arte e arte é sinônimo de travessura, então vamos ser travessos nessa aventura da leitura.

O que é
Nas Entrelinhas da Leitura

A obra, na verdade, é um início de conversa com os livros. Ela não é uma proposta inédita, mas uma forma de se criar uma intimidade com a prática da leitura, também não é um livro de receitas, pois para trabalharmos com a leitura não precisamos de receitas, precisamos apenas olhar o livro com outros olhos para percebê-lo como algo bem próximo de nós, e que nos desperta idéias.
Idéias que, quando se juntam, viram outras idéias, que se multiplicam e podem nos levar a descobertas e conhecimentos vários ou apenas nos proporcionar prazer e diversão. A cada atividade proposta na obra Nas Entrelinhas da Leitura, ao ser experimentada, pode fazer surgir outra de uma forma espontânea e natural. Surge um diálogo entre o leitor e o livro. Podemos inventar, criar, transformar as nossas salas de aula ou as salas das nossas casas em palcos, laboratórios de idéias, ou até mesmo em espaço de criação. Criações literárias, artísticas, poéticas, musicais ou de uma simples brincadeira... É essa a nossa proposta.
Mas não esqueçam... antes de ler a atividade sugerida, leia o livro, leia de novo, leia com os olhos dos outros e veja o que ele desperta em você. Não despertou nada... Pense bem... Leia mais uma vez... Lembre-se das suas outras leituras, e, se ainda não teve idéia nenhuma, dê aquela espiadinha na nossa sugestão. Quem sabe assim você irá começar a ter outras idéias, e vai exercitar o seu comportamento criativo.
As atividades sugeridas utilizam objetos, sucatas, pesquisas e muita criatividade e algumas vezes o nosso próprio corpo.
Alguns livros sugerem mais atividades que outros, mas isso é normal, já que estamos trabalhando com arte, que nos afeta de formas diferentes. Porém, com o seu olhar de leitor, outras atividades poderão surgir além das nossas propostas. E, possivelmente, estaremos no caminho de ver surgir um leitor que reconstrua, interaja, convide e revele. E não mais aquele leitor inocente e superficial que vê o livro como um tijolo de papel, mas sim um instrumento de mudança, que impulsiona as descobertas e o desvendar de novos caminhos com muitas dúvidas e poucas certezas.

A casa

Aline Pupato Couto
Ilustrações: Badô

Um livro ideal para trabalharmos o local mais importante em nossa vida: A CASA.
Na verdade, o lugar onde moramos nos mostra, a todo momento, como nós somos. É o espelho imaginário dos nossos hábitos, atitudes e valores.
A simbologia da casa, de uma forma geral, reúne o sentido de proteção, de refúgio, de aconchego maternal.

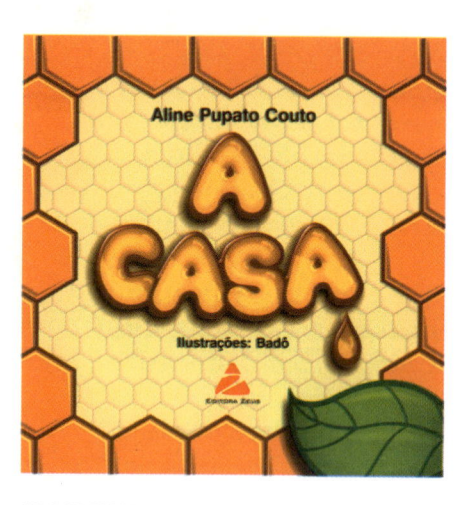

ISBN 85-88038-03-X
20,5x20,5 cm • 16 p.

TEMAS: casa, abelhas
INDICAÇÃO: Educação Infantil

**SELECIONADO PARA
O PROJETO INDÍGENA
DA SECRETARIA MUNICIPAL DE
EDUCAÇÃO/SÃO PAULO/SP-2002**

Desenvolvendo atividades

Atividades pensadas por você

O professor pode conversar com os alunos sobre suas casas, onde moram, trazer fotos, fazer desenhos, montar um mural ou uma exposição.

Uma outra atividade é pesquisar sobre as casas de cada bicho: como são, como vivem, de que são feitas...

Além disso, pode-se discutir sobre as pessoas que não tem casa. Trazer exemplos de revistas e jornais.

Construir uma casa coletiva no cantinho da sala ou em outro espaço também é uma atividade interessante para perceber o funcionamento de uma casa.

É hora! É hora!

**Textos e Ilustrações
Anna Claudia Ramos**

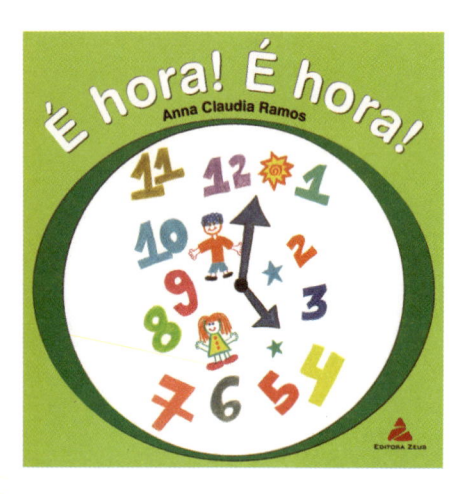

ISBN 85-88038-27-7
20,5x20,5 cm • 16 p.

É hora! É hora! permite que a criança entre em contato com toda a sua rotina, a fim de compreendê-la e internalizá-la através de imagens que fazem parte do seu dia-a-dia.

O professor deve contar a história do livro para as crianças, mas já fazendo deste contar uma brincadeira, como: "É hora de acordar! E depois? É hora de fazer o quê?" Pode aproveitar e brincar com os conceitos de antes e depois. O que a gente faz antes de ir pra escola? E o que a gente faz depois do almoço? E antes de dormir? E o que a gente faz na escola?

As ilustrações são bem próximas do universo da criança pequena, que irá se identificar com sua própria imagem.

TEMA: Horas, cotidiano
INDICAÇÃO: Educação Infantil

Desenvolvendo atividades

Brincar com as horas é sempre uma atividade bem interessante. O professor pode sugerir às crianças que procurem fotos de vários relógios em revistas. Depois pedir para colarem tudo em uma cartolina.

O professor vai pesquisar com os alunos sobre a origem do relógio, como e onde surgiu, e vai contar sua história. Então, é só comparar para ver como ele mudou e a sua evolução no tempo.

Pedir para as crianças trazerem objetos ou roupas que são usadas na hora de comer, de tomar banho, de ir para a escola, dormir, etc. Estes objetos serão colocados num baú e o professor irá retirar cada peça e elas irão identificar a que atividade e hora do dia pertence o objeto, por exemplo, pijama, escova de dentes, uniforme, etc.

Depois os alunos irão montar um relógio grande na cartolina e vão colocar as doze horas do dia e irão procurar o objeto ou roupa do baú que é usada àquela hora. Seis horas da tarde, qual objeto representa esta hora? E assim por diante...

Outra atividade é lembrar de histórias em que o relógio é importante: Cinderela, Alice, Peter Pan, etc.

Hoje é amanhã?

Anna Claudia Ramos
Ilustrações: Aline Abreu

Crianças pequenas têm dificuldade de compreender a diferença entre o "hoje", o "ontem" e o "amanhã". Então, como buscar a linguagem correta?
Em Hoje é amanhã? Carol, uma menina de 5 anos, se confunde na percepção do tempo e, através das explicações simples e diretas do pai, vai descobrindo o mistério do passar dos dias e da temporalidade das ações.

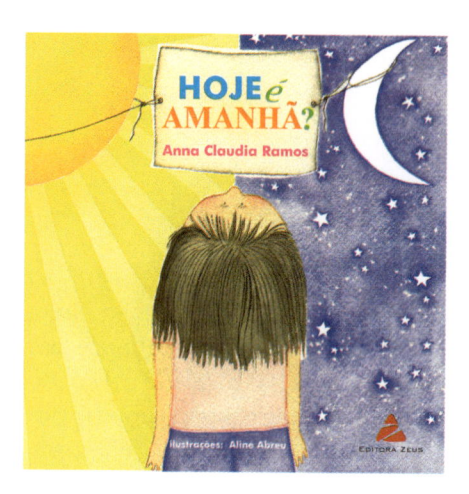

ISBN 85-88038-28-5
20,5x20,5 cm • 24 p.

TEMAS: Tempo, curiosidade, criança, relações pais e filhos
INDICAÇÃO: 2ª série

Desenvolvendo atividades

- Brincar com o tempo das coisas: O que aconteceu ontem? O que fará amanhã?
- Montar um mural com as notícias de ontem, hoje e amanhã.
- Comparar determinado tema (meio de transporte, comunicação, etc.) como era no passado, como é hoje e como imaginam que será no futuro.
- Pesquisar pessoas importantes, o que elas foram no início da carreira, o que são hoje e o que elas pretendem para o futuro.

Atividades pensadas por você

Peca Perereca

Alexandra Plubins
Ilustrações: Victor Tavares

Peca pulava, pulava e cantava, cantava e pulava menina perereca. E, nas rimas e nas comparações que foi buscar no reino animal, Alexandra Plubins vai contando com graça e leveza as aventuras de Peca. Descuidada, Peca não olha por onde pula e, no fim das contas, acaba pulando onde não deve. A autora mostra ao leitor de uma forma divertida e, principalmente, despretensiosa, as conseqüências desastrosas que um ato impensado pode trazer. PECA PERERECA é um exemplo de que aprender pode ser divertido.

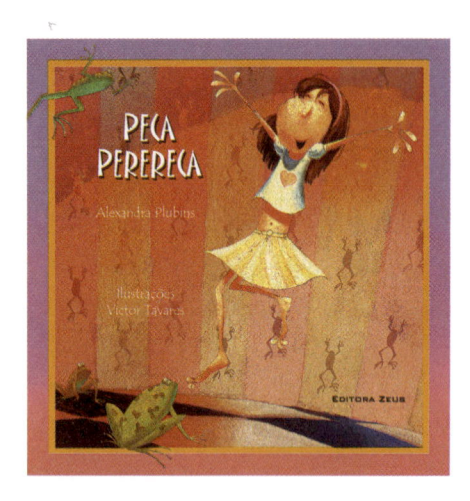

ISBN 85-88038-20-X
20,5x20,5 cm • 16 p.

TEMAS: Criança, travessura, brincadeira
INDICAÇÃO: 2ª e 3ª séries

Desenvolvendo atividades

Fazer uma pesquisa na sala de aula das travessuras de cada um. Quais foram as suas?
Peca era perereca
Ana é banana
Caio é...
Brincar com as rimas dos nomes. Criar a partir daí acróstico, cada um vai fazer o seu...
Elaborar uma pesquisa para saber o significado dos nomes.
O nome é o nosso primeiro presente.
Fazer uma entrevista em casa com os familiares para saber por que escolheram seu nome.
Uma nova pesquisa para descobrir se tem algum famoso com o nome igual ao seu, e o que ele fez para ficar famoso.
Outra atividade sugerida é conhecer o porquê do nome da sua escola, e o motivo da homenagem.

Atividades pensadas por você
_____
_____
_____
_____
_____
_____
_____
_____
_____
_____
_____
_____
_____
_____
_____
_____
_____
_____
_____
_____
_____
_____

Coleção Doce de Menino

Um doce de menino

Gustavo Luiz & Mig

Com gosto de casa de avó, os autores vão descrevendo de uma forma rica, a festa de aniversário de um menino. "E mil personagens surgiam, mil aventuras eles viviam, esperando o melhor da festa chegar."

ISBN 85-88038-09-9
20,5x20,5 cm – 28 p.

PNLD FDE 2004

TEMAS: Doces, relações familiares
INDICAÇÃO: 2ª e 3ª séries

Desenvolvendo atividades

Atividades pensadas por você

Falar sobre aniversário. Como surgiu esse dia? O dia do aniversário de cada um... Como é comemorado? (doces, convidados, tema da festa, etc.). Pedir fotos de aniversários... Propor que façam uma lista dos doces e salgados da festa.

Cada aluno irá trazer sua receita preferida e descobrir as calorias de cada receita junto com a turma.

Pensar nos provérbios que falam de comida e criar histórias a partir deles:

"O peixe morre pela boca."
"Em boca fechada não entra mosca."
"Quem nunca comeu melado quando come se lambuza."

Coleção Doce de Menino

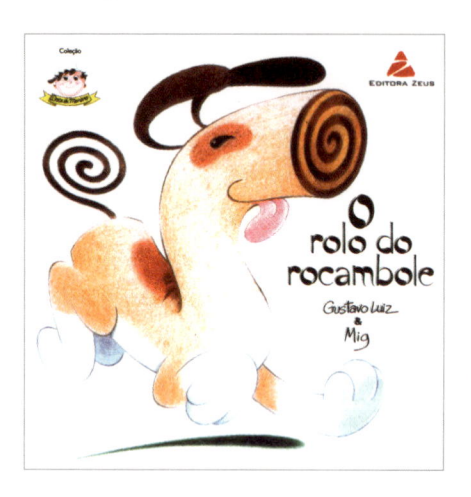

ISBN 85-88038-18-8
20,5x20,5 cm – 24 p.

O rolo do Rocambole

Gustavo Luiz & Mig

"Alegre e agitado, ele também é enrolado e só se mete em confusão." Rocambole, o melhor amigo do Doce de Menino, é um cachorro dengoso, guloso e muito levado que gosta de ver televisão. Suas aventuras são narradas com muita graça e poesia. Texto e ilustração em perfeita harmonia, encantam e comprovam a grande experiência dos autores.

TEMAS: Cachorro, travessura, relações de amizade
INDICAÇÃO: 2ª e 3ª séries

Desenvolvendo atividades

O animal de estimação a gente nunca esquece. Cada aluno irá falar do seu. Depois tentarão descobrir de que raça é o cachorro da história. Pesquisar as raças, e conhecer suas funções.
Cada um vai criar o seu cachorro com sucatas e vai chamá-lo com o nome do seu doce preferido.

Atividades pensadas por você
_____
_____
_____
_____
_____
_____
_____
_____
_____
_____
_____
_____
_____
_____
_____
_____
_____
_____
_____
_____
_____
_____

Coleção Amigos da Lis

Os amigos da Lis

Texto e ilustrações de Rose Araujo

Lis sonha com um mundo melhor decide "fazer a sua parte".
Seu comportamento é um convite ao trabalho para melhorar o meio em que vivemos, é também um mecanismo eficiente que permite a todos repensar suas atividades, posicionando-se como responsáveis pelo ambiente, conscientes de que toda ação gera uma reação do meio no qual estamos inseridos.

ISBN 85-88038-06-4
14x19 cm – 24 p.

TEMAS: relações de amizade, cidadania
Indicação: 2ª e 3ª séries

PNLD FDE 2004

Desenvolvendo atividades

Esse livro fala sobre cidadania e amizade, o que nos sugere como atividade o entendimento dessa palavra CIDADANIA.

A partir daí, cada participante vai criar um jogo coletivo de perguntas e respostas em torno da cidadania, onde quem mais acertar ganha o jogo. As perguntas podem ser construídas pelos alunos e colocadas em cartões. Divididos em grupos os alunos podem fazer as perguntas entre eles e os que mais acertarem ganham o jogo.

Outro jogo pode ser um dominó com palavras sobre cidadania (solidariedade, participação, respeito, ética, integridade, etc.) pesquisadas anteriormente pelos alunos.

Atividades pensadas por você
_____
_____
_____
_____
_____
_____
_____
_____
_____
_____
_____
_____
_____
_____
_____
_____
_____
_____
_____
_____
_____
_____

Coleção Amigos da Lis

Simplesmente Lis

Texto e ilustrações de Rose Araujo

Era uma vez... Lis, uma menina d[e] hábitos simples e, também, feliz. A linguagem simples utilizada pe[la] personagem principal do livro cr[ia] uma atmosfera de intimidade qu[e] faz com que as crianças se identif[i]quem com a menina devido a sua[s] preferências e preocupações.
Diferentes temas são abordados n[o] desenrolar da história, como: polu[i]ção, meio ambiente e incentivo [à] solidariedade.

ISBN 85-88038-07-2
14x19 cm – 28 p.

TEMAS: solidariedade
INDICAÇÃO: 2ª e 3ª séries

PNLD FDE 2004

Desenvolvendo atividades

Discutir solidariedade hoje é falar de uma nova postura que devemos ter na sociedade. Pequisar a palavra e seu significado é o início.
Mostrar no mapa os países solidários e conhecer as ações solidárias realizadas por estes países. Criar, então, com os alunos uma ação solidária na escola e instituir o "Dia da solidariedade".

Atividades pensadas por você
_____
_____
_____
_____
_____
_____
_____
_____
_____
_____
_____
_____
_____
_____
_____
_____
_____
_____
_____
_____

ISBN 85-88038-19-6
14x19 cm – 28 p.

Coleção Amigos da Lis

Eu sou o Zil

**Texto e ilustrações
de Rose Araujo**

O Zil é aquele garoto amável e gentil que encanta as meninas e desperta admiração nos meninos pelo seu companheirismo e desempenho nos esportes. Ele é defensor da Paz e gosta de fazer novos amigos.
Além da bela mensagem trazida pelo texto, as ilustrações formam um outro tecido que reflete o pensamento e os sentimentos dos personagens.

TEMAS: Relações de amizade, solidariedade, negros, diferenças
INDICAÇÃO: 2ª e 3ª séries

Desenvolvendo atividades

Atividades pensadas por você

_____
_____
_____

- Identificar as diferentes etnias e suas regiões de origem.
- No mapa, localizar geograficamente a região de cada uma.
- Refletir sobre a África de hoje, e a forma como os negros chegaram ao Brasil. Pesquisar sua cultura, suas danças, suas comidas, etc. Qual a influência dessa cultura em nossas vidas?
- Confeccionar máscaras africanas de argila, fazer um banquete cultural africano, com danças, teatro, música, comidas...

_____
_____
_____
_____
_____
_____
_____
_____
_____
_____
_____
_____
_____
_____

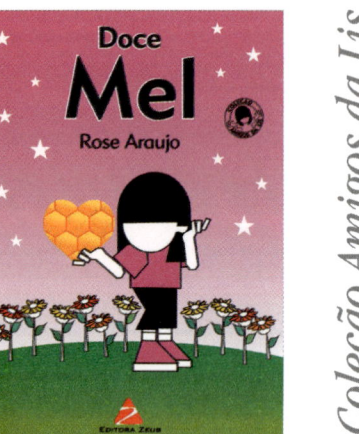

ISBN 85-88038-26-9
14x19 cm – 28 p.

Coleção Amigos da Lis

Doce Mel

Texto e ilustrações de Rose Araujo

Rose Araujo apresenta aos seus leitores a doce Mel, "menina de grande vaidade", que sonha em conhecer o mundo e, quem sabe, o universo também. Mel tem o hábito de colecionar cartões postais, oportunidade para desenvolver atividades de comunicação, geografia e história.
Numa linguagem simples e delicada, a autora vai traçando o perfil da decidida e valente Mel. Como qualquer criança de sua idade, Mel tem qualidades mas também defeitos, o que a torna mais humana e faz com que o leitor se identifique facilmente ou, no mínimo, perceba semelhanças com alguém que está ao seu lado.

TEMAS: vaidade
INDICAÇÃO: 2ª e 3ª série

Desenvolvendo atividades

Conversar sobre vaidade: o que é natural e quando vira excesso.
Refletir sobre os riscos que o excesso de vaidade pode trazer para a saúde (anorexia, bulimia).
Como cada um se vê diante do espelho?
Cada participante construirá a moldura de um espelho no papel, colocará seu nome e trocará com o colega. Cada um irá escrever ou desenhar sobre aquele que está com o nome no papel. Assim poderemos comparar nossos espelhos. Como nos vemos e como o outro nos vê.

Atividades pensadas por você
_____
_____
_____
_____
_____
_____
_____
_____
_____
_____
_____
_____
_____
_____
_____
_____
_____
_____
_____

Coleção Amigos da Lis

Era uma vez o Sal

Texto e ilustrações de Rose Araujo

Era uma vez...Um menino e um computador...
A maior atividade sugerida pelo texto é a possibilidade de refletir detalhadamente sobre as relações humanas em nossa época.
A solidão e a falta de convívio do pequeno Sal com crianças e adultos montam um panorama que expressa com clareza o medo de estar com o outro. Mas, ao mesmo tempo, as reflexões propostas pela autora provocam em cada leitor a necessidade de mudanças profundas. Destacando o amor que devemos sentir pelo outro como a energia capaz de mudar o mundo, somos levados a trabalhar os sentimentos de cooperação e repúdio às injustiças.

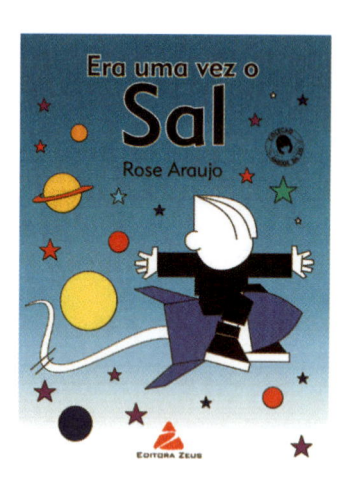

ISBN 85-88038-08-0
14x19 cm– 28 p.

TEMAS: Tecnologia, convívio social, solidão
INDICAÇÃO: 2ª e 3ª séries

Desenvolvendo atividades

Conversar sobre os amigos virtuais, os e-mails que escrevemos, os jogos, o uso do computador...
Criar uma linha de tempo sobre a evolução da comunicação.
Pesquisar outras tecnologias que facilitam a nossa comunicação.
Montar um jornal coletivo falando sobre essas tecnologias.
Cada participante poderá escolher um colega para enviar e-mail comentando alguma notícia do dia.

Atividades pensadas por você
_____
_____
_____
_____
_____
_____
_____
_____
_____
_____
_____
_____
_____
_____
_____
_____
_____
_____

Coleção Bichos e Cia

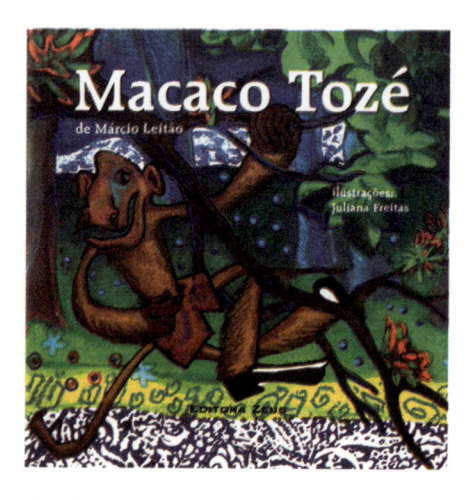

Macaco Tozé

Márcio Leitão
Ilustrações: Juliana Freitas

A história que vai sendo narrada em versos duplos rimados e ritmados, mostra a convivência pacífica e divertida entre animais que geralmente não teriam vínculos de proximidade na natureza (leão, urso, girafa, marreco, etc.). Pacífica também é a solução encontrada pelo marreco João que resolve o problema de seu amigo Tozé sem agredir e sem desrespeitar o direito de lazer da pulga Pim-pim.

ISBN 85-88038-04-8
20,5x20,5 cm – 24 p.

TEMAS: Animais, noções de higiene, macaco, relações de amizade
INDICAÇÃO: 2ª e 3ª série

SELECIONADO PARA O PROJETO INDÍGENA DA SECRETARIA MUNICIPAL PM/SÃO PAULO E PROJETO ACELERA BRASIL – ESTADO DE GOIÁS EM 2002

Desenvolvendo atividades

Identificar os grupos de animais, a partir de suas características e, em seguida, realizar uma visita ao Jardim Zoológico.

A partir do gosto alimentar do Tozé, verificar as propriedades dos alimentos, construindo cardápios "saudáveis" com figuras retiradas de revistas e jornais.

Discutir a necessidade da higiene para o bom funcionamento do corpo e a manutenção de uma saúde perfeita.

A partir da brincadeira retratada na história, levantar uma série de jogos infantis tradicionais como: pular amarelinha, carniça, galinha choca, tudo que seu mestre mandar, passar o anel e outras.

Atividades pensadas por você
_____
_____
_____
_____
_____
_____
_____
_____
_____
_____
_____
_____
_____
_____
_____
_____
_____
_____
_____
_____

Coleção Bichos e Cia

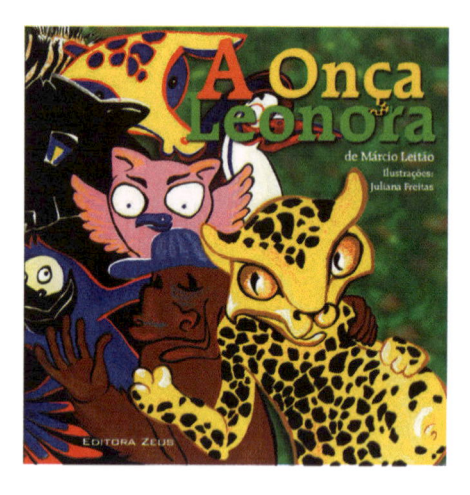

A onça Leonora

Márcio Leitão
Ilustrações: Juliana Freitas

Problemas e sentimentos característicos do universo do ser humano são vivenciados por animais no mundo do era uma vez. Alegria e tristeza, liberdade e clausura, extremos abordados de forma divertida e poética no texto de Márcio Leitão.
Com leveza e simplicidade, A Onça Leonora aponta para questões como a solidariedade, a paciência, a importância do diálogo e a necessidade da integração de todos, eliminando do dia-a-dia as raízes profundas do preconceito.

ISBN 85-88038-12-9
20,5 x 20,5 cm – 20 p.

TEMAS: Animais, solidariedade, maus tratos, circo, diferenças
INDICAÇÃO: 2ª e 3ª série

Desenvolvendo atividades

- Pesquisar a solidariedade entre os animais no seu ambiente natural.
- Montar, coletivamente, um alfabetário com nomes de animais e um jogo da memória ou dominó com desenho e nome dos habitantes da floresta.
- Como é a vida dos animais no cativeiro (circo, zoológico, nossa casa)? Como eles são tratados e porque hoje não se usam mais animais nos circos?
- Fazer máscaras para cada bicho da história e criar um teatro com as crianças recontando a história.

Atividades pensadas por você
_____
_____
_____
_____
_____
_____
_____
_____
_____
_____
_____
_____
_____
_____
_____
_____
_____

Azul por natureza

Sandra Lopes
Ilustrações: Aline Abreu

São poemas que sensibilizam o leitor para as belezas naturais e para questões como o uso racional da água, despertando-o para um novo olhar diante do que a natureza generosamente nos oferece.
Questões ambientais, tais como: preservação, desmatamento, poluição e o uso inadequado dos recursos naturais, são abordadas destacando a vital necessidade da mobilização de todos para salvar nosso planeta *Azul por natureza*.

ISBN 85-88038-24-2
21x28 cm – 20 p.

TEMAS: poesia, natureza
INDICAÇÃO: 3ª e 4ª séries

Desenvolvendo atividades

Atividades pensadas por você

Brincar com as palavras sobre a natureza: sortear os temas dos poemas e cada um irá falar sobre o tema que foi sorteado. Depois criar um jogo da memória com as palavras da natureza.

Propor um trabalho com sucatas, que podem ser encontradas nos rios, mares e lixos.

Criar lixeiras seletivas na escola e em casa e, a partir daí, elaborar cartazes sinalizando para a conscientização da proteção da natureza.

Vovó e vento quanto movimento!

Edna Bueno
Ilustrações: Victor Tavares

O que pode acontecer de emocio nante quando um neto e sua av resolvem fazer um simples passei ao Museu de Arte Moderna pa comemorar seu aniversário? TUD Desde a descoberta mútua, o fasc nio pela arte, a lição de história, at a mais eletrizante aventura.
Edna Bueno fala da relação entr Beto e sua avó Adá numa delicios aventura de tirar o fôlego.

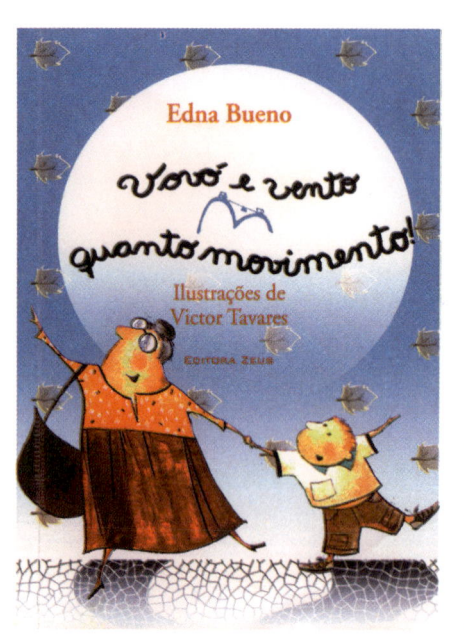

ISBN 85-88038-10-2
14x19 cm – 48 p.

TEMAS: Relações entre avó e neto, pais e filhos, velhice, Rio de Janeiro
INDICAÇÃO: 3ª e 4ª séries

SELECIONADO PARA O PROJETO INDÍGENA DA SECRETARIA MUNICIPAL DE EDUCAÇÃO PM/SÃO PAULO CATÁLOGO DE BOLONHA 2003

Desenvolvendo atividades

- ...squisar sobre os pontos turísticos ... cidade do Rio de Janeiro.
- ...ar sobre a terceira idade e o preconceito...
- ...ar um boton com um dizer parecido com o criado pela vovó: VELHO [É] SEU PRECONCEITO.
- ...ar um cartão para a avó com uma ... e um dizer para ela.
- ...tar palavras, gírias e expressões ...izadas pelas avós e tentar encontrar seu equivalente hoje.
- ...ntar uma linha de tempo com ...ntecimentos político-históricos ...evantes que aconteceram do nascimento da vovó até os dias atuais.
- ...quisar sobre cantores famosos ...quela época e verificar se ainda ...ão presentes na mídia.

Atividades pensadas por você

_____
_____
_____
_____
_____
_____
_____
_____
_____
_____
_____
_____
_____
_____
_____
_____
_____
_____
_____
_____

Coleção Bichos e Cia

Álvaro, o urubu

Márcio Leitão e Juliana Freita[s]

A história fala da tristeza e soli[dão] experimentada por quem se des[co]bre diferente de seu grupo.
Mas nem tudo é tristeza na histó[ria] desse simpático urubu. Nas rim[as] características do trabalho de Má[rcio] Leitão, Álvaro vai descobrindo u[ma] nova comunidade onde se se[nte] acolhido e aprende o significado [da] amizade e da aceitação mútua.

ISBN 85-88038-29-3
20,5 x 20,5 cm – 24 p.

TEMAS: Animais, preconceito, diferenças, relações de amizade
INDICAÇÃO: 3ª e 4ª séries

Desenvolvendo atividades

iscutir todos os tipos de diferen- s (raça, sexo, religião, persona- dade).
efletir sobre o que vem a ser preconceito?
nde está guardado seu preconceito? Pedir para os participantes que dentifiquem seu preconceito e o ue fazer para superá-lo.
 partir da xerox do seu próprio etrato cada participante vai se desenhar diferente: quem é louro vira moreno, branco vira negro e assim por diante. Por fim, perguntar: gostou da mudança?

Atividades pensadas por você
_____
_____
_____
_____
_____
_____
_____
_____
_____
_____
_____
_____
_____
_____
_____
_____
_____
_____
_____
_____

Bucha de balão ou bruxa de vassoura na mão?

Fátima Miguez
Ilustrações: Victor Tavares

De uma forma poética e bem humorada, Bucha de balão ou Bruxa d[e] vassoura na mão? fala de um proble[ma] que incomoda muitas crianças. [A] língua presa, ou língua-de-trapo[s,] como diz o texto: "um mal entendido... um ruído que atrapalha n[a] hora da comunicação".

ISBN 85-88038-31-5
21x28 cm – 32 p.

TEMAS: Palavra, língua-presa, criatividade
INDICAÇÃO: 3ª e 4ª séries

CATÁLOGO DE BOLONHA 2006

Desenvolvendo atividades

Pesquisar o trava-línguas: como surgiu, quais são os mais comuns. Fazer um torneio entre os grupos. Cada grupo poderá identificar a relação entre trava-língua e língua-presa.
Procurar pessoas famosas que tem a dificuldade de articular alguns fonemas.
Destacar as rimas do texto e pedir a cada grupo que faça as suas próprias rimas.

Atividades pensadas por você

_____
_____
_____
_____
_____
_____
_____
_____
_____
_____
_____
_____
_____
_____
_____
_____
_____
_____
_____
_____

O baú do seu Machado

Sílvia Eleutério e Márcia Kaskus
Ilustrações: Victor Tavares

O Baú do Seu Machado conta as incríveis peripécias de um escritor desmemoriado e um cachorro metido a sabichão em busca de um baú de memórias perdidas. As memórias perdidas são do renomado escritor Joaquim Maria Machado de Assis, autor de clássicos da literatura brasileira, que trava um diálogo divertidíssimo com seus personagens mais conhecidos, como o cachorro Quincas Borba.

Com encantadoras e delicadas ilustrações, o livro é um convite tanto para os que já conhecem a obra de Machado de Assis quanto para os que ainda não se envolveram com o universo machadiano.

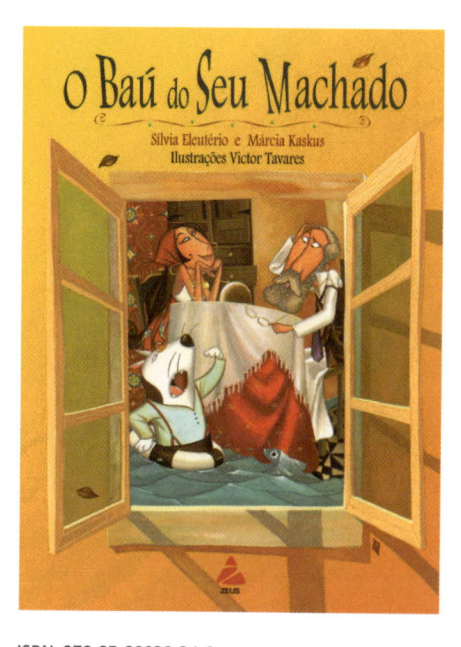

ISBN: 978-85-88038-34-9
21 x 28cm – 32p

TEMAS: Machado de Assis e seus personagens, relações de amizade
INDICAÇÃO: 3ª e 4ª séries

Desenvolvendo atividades

Montar um baú com elementos cênicos referentes à história. Depois confeccionar cartões para sorteio com o mesmo número de participantes e escrever, em cada um deles, uma das três raças de cachorro escolhidas pelo grupo (ex.: Labrador, Poodle, Boxer, etc.).

Dividir em três grupos correspondentes à cada raça e pedir que o primeiro grupo escreva o início de uma história com os elementos que estão dentro do baú; o segundo grupo o meio da história e o terceiro grupo o final da história. Os participantes irão ler a história criada e escolher um nome para ela. Finalmente, o grupo poderá dramatizar a história.

Pesquisar quais as obras de Machado de Assis inspiraram a produção de filmes e peças de teatro. Caso esteja disponível o acesso a algum destes filmes, assistir com o grupo para uma posterior análise.

Atividades pensadas por você
_____
_____
_____
_____
_____
_____
_____
_____
_____
_____
_____
_____
_____
_____
_____
_____
_____
_____
_____
_____

ISBN 85-88038-23-4
21x28 cm – 32 p.

Onde está a Margarida?

Fátima Miguez
Ilustrações: Victor Tavares

"Margarida [...] é o ponto de partida nas viagens pela vida..."
Com a maestria que lhe é peculiar, Fátima Miguez demonstra, mais uma vez, sua versatilidade com as palavras e seu domínio num gênero para poucos: a poesia.
Evocando tradicionais cantigas de roda, que permeiam e conduzem todo o texto, ONDE ESTÁ A MARGARIDA? fala sobre o amadurecimento, as fantasias e as descobertas da personagem título, uma menina-mulher em fase de crescimento.

TEMAS: Poesia, cantigas de roda, amor
INDICAÇÃO: 3ª e 4ª séries

PNBE 2005
PNLD FDE 2005,
CATÁLOGO DE BOLONHA 2005

Desenvolvendo atividades

Brincar com as cantigas, descobrir de onde elas vieram e a história que cada uma guarda. Algumas são medievais, outras do tempo dos escravos... Pesquisar na Internet ou até mesmo conversando com as pessoas.
Criar uma nova história para a melodia das cantigas, com novos personagens, outros cenários, outro tempo.

Atividades pensadas por você

Água, Gaia, fogo e ar

Anna Claudia Ramos
Ilustrações: Victor Tavares

A conscientização sobre a importância da água é um tema extremamente importante nos dias de hoje mas... como abordá-lo?
Em ÁGUA, GAIA, FOGO E AR, Anna Claudia Ramos surpreende o leitor tratando do tema de uma forma lúdica e, por que não dizer, mágica.
O livro faz um paralelo entre a vontade da menina Gaia de não crescer – vê sua mãe constantemente cansada e preocupada por causa do trabalho e das contas – e as sementes de girassol que decidem não brotar para não viver no mundo triste da mãe da menina.

ISBN 85-88038-25-0
21x28 cm – 32 p.

TEMAS: relações pais e filhos, crescimento, elementos da natureza, relações de amizade
INDICAÇÃO: 4ª série

PNLD FDE 2006
ACERVO BÁSICO FNLIJ
CATÁLOGO
DE BOLONHA 2005

Desenvolvendo atividades

Refletir sobre o crescimento, propor que cada um plante algumas sementes e, com o acompanhamento diário, verificar o processo de transformação.

Pesquisar o porquê da necessidade dos quatro elementos da natureza para o desenvolvimento da vida.

Desenhar um ser humano em várias fases do seu desenvolvimento: bebê, criança, adolescente, adulto, idoso. Pesquisar as características de cada fase, suas necessidades e as responsabilidades.

Atividades pensadas por você

O segredo do vento

Sonia Rosa
Ilustrações: Victor Tavares

Uma história envolvente que vai contar o segredo do Senhor Vento e mostrar o milagre do sertão. Excelente texto para ser dramatizado. O livro de Sonia Rosa aborda assuntos variados como: amizade, ecologia, água, ar, chuva, seca, nordeste e cidadania.

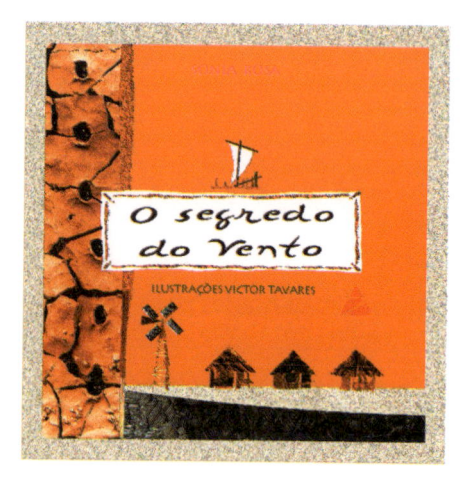

ISBN 85-88038-15-3
20,5x20,5 cm – 16 p.

TEMAS: Nordeste, seca, vento, fenômenos da natureza
INDICAÇÃO: 4ª série

PNLD FDE 2004
CATÁLOGO
DE BOLONHA 2003

Desenvolvendo atividades

Pesquisar a ação dos ventos sobre a natureza: os tufões, os ciclones, a energia eólica, etc.
Analisar as razões da seca no Nordeste.
Verificar quais atividades necessitam do vento para o seu desenvolvimento.
Montar uma jangada. Criar um catavento ou um barco a vela.

Atividades pensadas por você
_____
_____
_____
_____
_____
_____
_____
_____
_____
_____
_____
_____
_____
_____
_____
_____
_____
_____

Paisagens da infância

Fátima Miguez
Ilustrações: Victor Tavares

Fazendo alusões a clássicos infantis como "Roda Pião", "Mamãe Posso Ir?" ou "As cinco Marias", Fátima Miguez brinca com as palavras e as transforma em versos, resgatando as PAISAGENS DA INFÂNCIA.
A autora vai mais além. Na poesia que abre o livro, homenageia Gonçalves Dias com o reflexivo "Canção do Exílio da Infância."

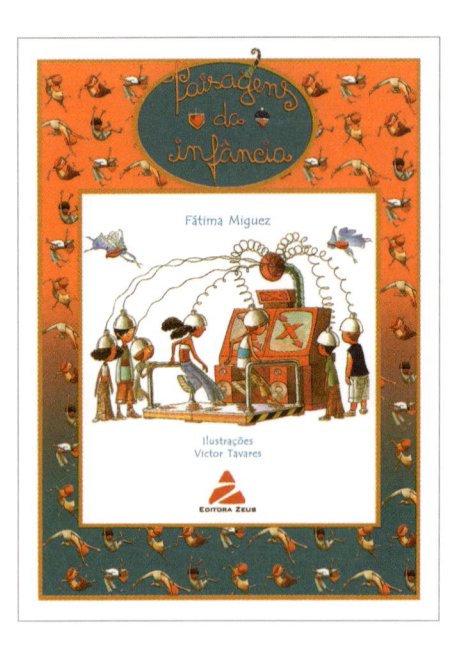

ISBN 85-88038-16-1
21x28 cm – 24 p.

TEMAS: Poesia, brincadeira, infância
INDICAÇÃO: 4ª série

PNLD FDE 2004
SECRETARIA ESTADUAL DE EDUCAÇÃO DO DF / 2005
CATÁLOGO DE BOLONHA 2004

Desenvolvendo atividades

Cada participante vai escolher a brincadeira da infância que mais gosta ou mais gostava e, depois, vai pesquisar sobre ela. A partir da pesquisa, cada um vai desenvolver um poema sobre a brincadeira.
Fazer uma relação entre a infância de hoje e a de ontem. Depois, pedir para que cada um faça uma pesquisa com seus pais e seus avós (brincadeiras preferidas, passeios de domingo, programas de esporte, cultura e lazer).

Atividades pensadas por você
_____
_____
_____
_____
_____
_____
_____
_____
_____
_____
_____
_____
_____
_____
_____

Muitos caminhos uma decisão

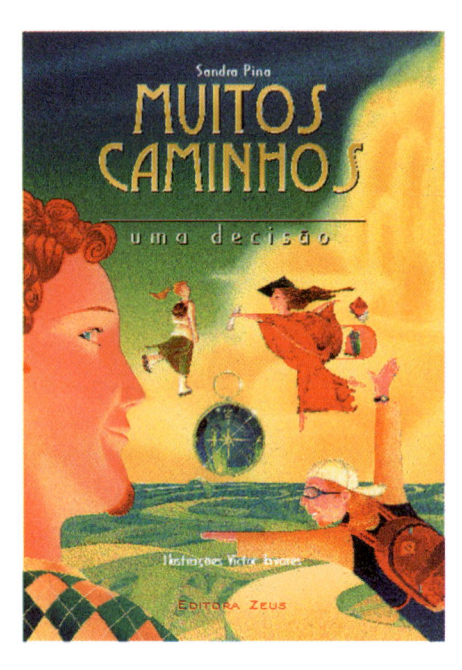

Sandra Pina
Ilustrações: Victor Tavares

Quem nunca quis experimentar sabor de uma grande aventura Floresta, situações de risco, anima perigosos, os mistérios da noi e, depois de tudo isso, a recepçã calorosa dos amigos e o imaginár repleto de histórias para conta ampliar e multiplicar as emoçõ vividas.
É nesse contexto que grandes amig decidem criar a sua própria histór e a autora utiliza a narrativa pa tratar de questões como: a escolha profissão, a avaliação dos caminh escolhidos e a superação de limite

ISBN 85-88038-21-8
14x19 cm – 72 p.

TEMAS: Profissão, relações de amizade, escola, liderança, adolescência
INDICAÇÃO: 5ª a 8ª séries

Desenvolvendo atividades

- Descobrir qual a profissão que cada um quer seguir. Propor que cada participante interprete a sua profissão através de um teatro, usando roupas, cenários, etc.
- Analisar aspectos positivos e negativos sobre excursão e acampamento.
- Propor uma viagem coletiva.
- Pesquisar aventuras reais de escaladas e passeios em que as pessoas se perderam e foram resgatadas.

Atividades pensadas por você
_____
_____
_____
_____
_____
_____
_____
_____
_____
_____
_____
_____
_____
_____
_____
_____

Guerreiras de Gaia

Gisele Werneck
Ilustração: Laz Muniz

Gisele Werneck conduz o leitor nessa aventura ao lado das Guerreiras de Gaia com um texto leve, criativo e emocionante. Uma jornada cheia de surpresas onde seres humanos convivem com fadas, duendes, cientistas já mortos e uma boca flutuante que revela grandes mistérios. Uma viagem divertida a um lugar onde o tempo e o espaço são relativos e onde nem tudo é o que parece ser.

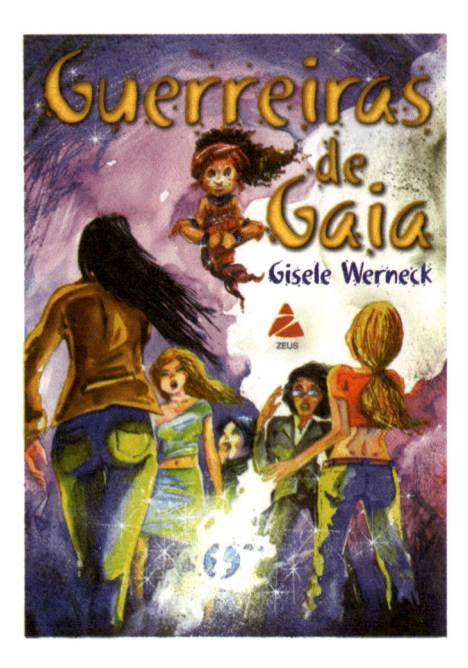

ISBN: 85-88038-33-1
16x23 cm – 320 p.

TEMAS: Ecologia, ficção científica, aventura, amizade
INDICAÇÃO: 5ª a 8ª séries

Desenvolvendo atividades

Procurar informações sobre os personagens mágicos estrangeiros que estão na história (fadas e duendes).
Quais os mitos brasileiros defensores da natureza? (Saci, Curupira, Cuca).
Verificar se existe uma relação entre os mitos estrangeiros e brasileiros.
Refletir sobre as atitudes necessárias para defender o planeta Gaia da destruição provocada pelos seus habitantes (efeito estufa, escassez de água, etc.).

Atividades pensadas por você

Ulisses e Penélope: a nostalgia do retorno

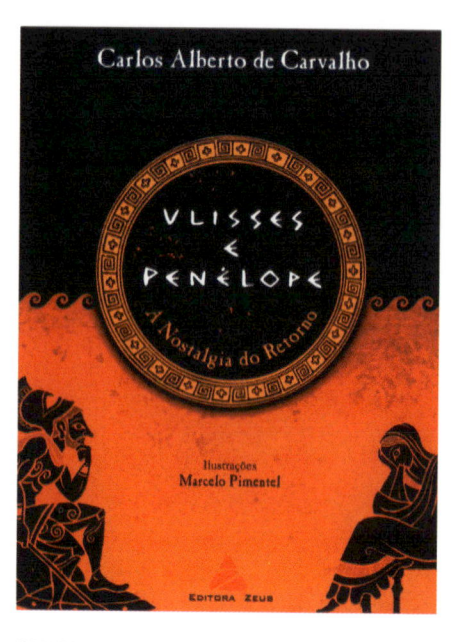

Carlos Alberto de Carvalho
Ilustrações: Marcelo Pimentel

Após liderar os gregos na famosa batalha de Tróia (aquela do cavalo) com o objetivo de resgatar Helena, a mulher mais bela do mundo, Ulisses vive as mais emocionantes aventuras enquanto empreende seu caminho de volta à Ítaca. Em seu reino sua esposa Penélope resiste ao assédio dos inúmeros pretendentes que insistem em afirmar que Ulisses não pode mais estar vivo após tantos anos de batalha.

ISBN 85-88038-22-6
16x23 cm – 184 p.

TEMAS: Mitologia Grega, Guerra de Tróia
INDICAÇÃO: 5ª a 8ª séires

Desenvolvendo atividades

Pesquisar sobre mitologia, a Grécia e sua cultura.
Procurar as histórias de Helena e da Guerra de Tróia.
Descobrir porque usamos o termo "Presente de Grego" e fazer uma enquete com a pergunta: Você já ganhou um?

Atividades pensadas por você
_____
_____
_____
_____
_____
_____
_____
_____
_____
_____
_____
_____
_____
_____
_____
_____
_____
_____
_____
_____

Os amores de Perseu Dânae e Andrômeda

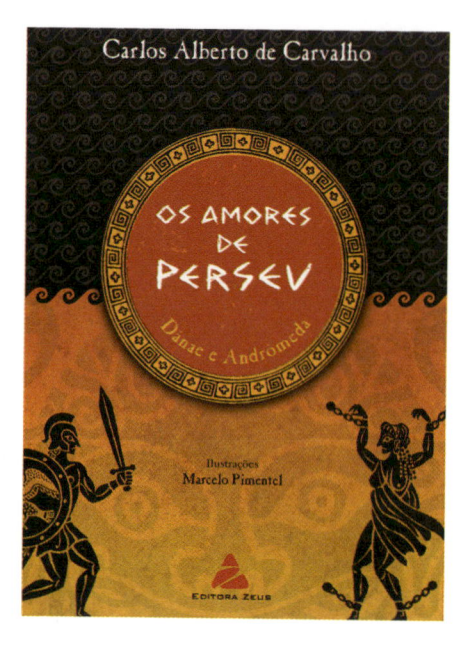

Carlos Alberto de Carvalho
Ilustrações: Marcelo Pimentel

Ao recontar um dos mais belos mitos gregos o autor constrói uma ponte entre o passado e o presente. Perseu precisa enfrentar deuses e monstros para salvar sua mãe e sua amada. Perseu precisa salvar a si mesmo da profecia que um oráculo fez antes do seu nascimento. O seu dilema é comum a todo ser humano desde o início dos tempos. É possível fugirmos do destino previamente traçado para cada um nós?

ISBN 85-88038-32-3
16x23 cm – 80 p.

TEMAS: Mitologia Grega, coragem
INDICAÇÃO: 5ª a 8ª séries

Desenvolvendo atividades

Pesquisar os deuses do amor na mitologia e ver as semelhanças com as grandes histórias de amor do Brasil (Lampião e Maria Bonita) e da Europa (Romeu e Julieta) etc.
Procurar histórias sobre o Minotauro, a Medusa, Eros e Psiquê...
Pesquisar os conceitos éticos e filosóficos presentes na história e transportá-los para os dias atuais.

Atividades pensadas por você

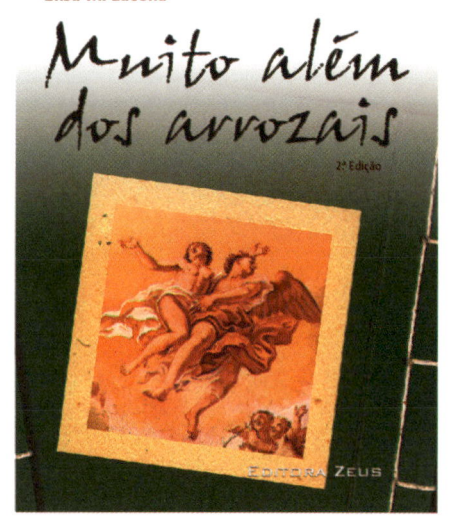

ISBN 85-88038-05-6
14x19 cm – 104 p.

Muito além dos arrozais

Sérgio Lucena e Elisa M. Lucena

Tendo como fio condutor fatos históricos, os autores introduzem o leitor em um túnel do tempo através de uma viagem que começa no período sombrio da Idade Média e salta para o século XX – mostrando a insensatez da guerra do Vietnã. Reflexões sobre ética, moral e cidadania permeiam o texto marcado pleo diálogo eloqüente entre o passado recente e períodos conturbados da história da humanidade.

TEMAS: Guerra do Vietnã, solidariedade, religiosidade
INDICAÇÃO: 7ª e 8ª séries

Desenvolvendo atividades

Atividades pensadas por você

Comentar sobre as guerras atuais que estão na mídia. Identificar os filmes que falam sobre o tema e que sejam do interesse da turma (ex.: O resgate do soldado Ryan).
Analisar suas conseqüências sociais, culturais, econômicas e políticas.
Refletir sobre o lado humano das pessoas (as que foram e as famílias que ficaram) e ver o papel das organizações criadas em defesa da paz e pela vida.
Conversar sobre religiosidade e solidariedade, identificando trechos do livro que sensibilizaram o leitor.

Vôo cego

Júlio Emílio Braz
Ilustrações: Victor Tavares

Conforme o título sugere, VÔO CEGO indica falta de rumo, o vazio. Júlio Emílio narra, com rara maestria, a vida de João Henrique. Com cortes precisos, a narrativa se desenrola como projetada numa grande tela cinematográfica. A pena substitui a câmera no papel impresso, revelando a mente do jovem drogado. A narrativa é curta, simples e direta. Usa a linguagem dos adolescentes – sem blablablá, sem mentiras, sem falsos moralismos ou falsas promessas – para falar sobre drogas.

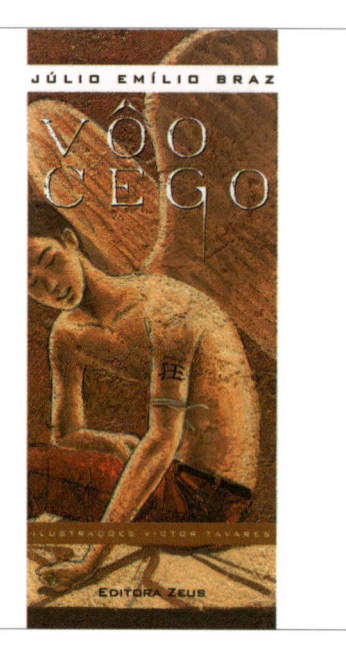

ISBN 85-88038-17-X
14x19 cm – 48 p.

TEMAS: drogas, morte, adolescência
INDICAÇÃO: 7ª e 8ª séries

Desenvolvendo atividades

Atividades pensadas por você

Discutir a questão das drogas na sociedade: suas causas, conseqüências e a sua ligação com a criminalidade.

Assistir filmes relacionados ao tema (ex.: Aos treze).

Dividir os participantes em grupos. Cada grupo vai pesquisar sobre um tipo de droga e depois expor para todos.

Pesquisar sobre as celebridades que morreram vítimas das drogas.

Agora é com vocês.....
Após ter feito suas leituras, pense nas suas propostas e dê suas sugestões.
Escreva para a gente:
nasentrelinhas@lucerna.com.br

Sites sugeridos

Hoje, sabemos que as crianças e os jovens adoram fazer buscas na Internet. Buscam amigos, namoros, passeios, curiosidades, jogos, etc.
Esse mundo virtual é um caminho de muitas possibilidades para eles e também para nós. Por isso além das atividades que sugerimos em torno do livro, estamos indicando alguns sites que achamos interessantes. Sabemos que existem outros, e, como nossa proposta inicial é compartilhar idéias, esperamos suas sugestões se forem diferentes dessas. Então vamos navegar...

Autores e Ilustradores
www.osamigosdalis.com.br
www.annaclaudiaramos.com.br
www.fatimamiguez.pro.br
www.guerreirasdegaia.com
http://lazmuniz.blogspot.com

Crianças e jovens
http://www.dobrasdaleitura.com.br (brincadeiras e brinquedos)
www.iguinho.ig.com.br (quadrinhos, jogos, primeiros socorros)
www.mingaudigital.com.br (passatempo, frases do dia...)
http://www.divertudo.com.br (jogos infantis)
www.meninomaluquinho.com.br (histórias, brincadeiras)
http://www.museudapessoa.net/pessoas/emdia17.htm (memórias sobre brinquedos e brincadeiras de antigamente)
http://www.omep-rs.org.br (textos selecionados por alunos do Curso de Professores para a Ed. Infantil)
http://ced.ufsc.br/~nee0a6/ (artigos, relação de softwares, de teses e de artigos área de Ed. Infantil)
http://www.mingaudigital.com.br/ (dicas úteis para pais e filhos, jogos, fábulas e histórias sinistras e piadas)
http://apache.fe.usp.br/laboratorios/labrimp/ (sugestões de: atividades, jogos tradicionais, bibliográficas e publicações)
http://www.clickin.pt/clickin.asp (jogos, leitura, adivinhações, laboratório, organizado por faixa etária)
http://www.canalkids.com.br (atividades: jogos, atualidades, livros on-line e desafios)
http://www.jangadabrasil.com.br (folclore)
http://www.plenarinho.gov.br (Informações ao público infantil sobre o que acontece na Câmara)
http://www.planalto.gov.br/ccivil_03/Leis/L8069.htm (gibi da Mônica on-line que trata do estatuto da criança e do adolescente)

http://www.canaldolivro.com.br (Livroclip – soluções digitais para criação e animações para Internet, cinema e TV)

Leitura e Literatura

http://www.audioteca.com.br (literatura para deficientes visuais)
http://www.asadapalavra.com.br (incentivar a leitura e a escrita através de diversas ações)
http://www.unicamp.br/iel/memoria (pesquisas sobre a história da leitura e do livro no Brasil)
http://www.dominiopublico.gov.br (biblioteca digital)
http://debloga.blogspot.com (comentários sobre as atividades desenvolvidas nas aulas de leitura)
http://www.leialivro.com.br (ponto de encontro para pessoas interessadas em livros e literatura)
http://www.ced.ufsc.br/~zeroseis/homepage.html (revista eletrônica do Núcleo de Estudos e Pesquisa da Educação de 0 a 6 anos)
http://www.sobresites.com/literaturajuvenil (guias elaborados por editores voluntários e especialistas em suas áreas)
http://www.uol.com.br/saladoprofessor (oferece apoio didático a professores do ensino fundamental e médio)
http://www.releituras.com (os melhores textos dos melhores escritores)
http://www.docedeletra.com.br (associação de escritores e ilustradores de literatura infantil e juvenil)
http://www.publishnews.com.br (notícias sobre o mercado livreiro e editorial)

Educação infantil

http://www.unicef.org/brazil/fbf_albuns.htm (álbuns que explicam os cuidados necessários desde a gestação até os 6 anos)
http://www.cccf-fcsge.ca/subsites/training/pdf/ethics_en.pdf (artigo em inglês que tem como tema a participação das crianças num ambiente que atende às suas necessidades individuais e que facilite seu desenvolvimento físico, social, emocional, moral, espiritual, cognitivo e criativo)
http://www.childnet-int.org/ (defende os interesses do menor no campo internacional das comunicações)
http://www.andi.org.br/ (realiza pesquisas e analisa artigos publicados na mídia, relevantes aos direitos da infância e da adolescência)
http://www.fundabrinq.org.br/redeprefeitocrianca/legis/legisla_index.htm (estatuto na íntegra tanto para leitura como para *download*)
http://www.dhnet.org.br/direitos/sip/onu/c_a/lex41.htm (declaração dos direitos da criança e do adolescente na íntegra)
http://www.rebidia.org.br/noticias/educacao/rede845.html (sistema descentralizado de documentação e informação sobre infância e adolescência)

Próximos Lançamentos

Coleção: Histórias das terras daqui e de lá

Amor:
O príncipe Lagartão – Lúcia Fidalgo
A Rainha e as prendas – Mohamed Hammú

Folclore:
Atrás da Sé, ó calunga – Eliana Yunes
Delfa García e Jesusita Blandón – Amalia Lú Posso Figueroa

Humor:
Os três irmãos – Celso Sisto
A raposa e o tigre – Liliana Cinetto

Terror:
A feiticeira do Rio – Benita Prieto
Catalina de luz e sombra – Ernesto Abad